D0404115

"THE TALE OF PETER RABBIT" IN SPANISH COLORING BOOK

El Cuento de Pedro, el Conejo

"THE TALE OF PETER RABBIT" IN SPANISH COLORING BOOK

El Cuento de Pedro, el Conejo

BY
BEATRIX POTTER

Rendered for Coloring by
ANNA POMASKA

DOVER PUBLICATIONS, INC.
NEW YORK

"The Tale of Peter Rabbit" in Spanish Coloring Book is a new work, first published by Dover Publications, Inc., in 1991. The text is reprinted unabridged from "The Tale of Peter Rabbit" in Spanish: El Cuento de Pedro, el Conejo, a translation from English into Spanish by Esperanza G. Saludes, first published by Dover in 1987, of The Tale of Peter Rabbit by Beatrix Potter, originally published in 1903. The illustrations, line renderings by Anna Pomaska after Miss Potter's watercolors, are reprinted from The Little Tale of Peter Rabbit: A Coloring Book, first published by Dover in 1986.

International Standard Book Number: 0-486-26794-6

Manufactured in the United States of America
Dover Publications, Inc., 31 East 2nd Street, Mineola, N.Y. 11501

PUBLISHER'S NOTE

"The Tale of Peter Rabbit" is the story of a naughty little bunny who is always getting into mischief. One morning, ignoring his mother's good advice, Peter ventures into Mr. McGregor's garden, where he feasts on the tasty vegetables. But then his troubles begin.

Now you can follow Peter's adventures in this literal Spanish translation of Beatrix Potter's classic tale. While you enjoy reading the Spanish text, whether as a first or as a second language, you can have fun coloring the 27 illustrations. Every one of the famous Potter illustrations—adapted for coloring by noted children's book illustrator Anna Pomaska—is here. You'll delight in coloring the wonderful drawings of Peter, now *Pedro, el Conejo*, his family, Mr. McGregor and all the little animals who help Peter along the way.

"THE TALE OF PETER RABBIT" IN SPANISH COLORING BOOK

El Cuento de Pedro, el Conejo

HABÍA una vez cuatro co-
nejitos que se llamaban:

Flopsy,

Mopsy,

Cola de algodón,

y Pedro.

Los conejitos vivían con su
madre en un hueco debajo
de las raíces de un pino muy
grande.

"—BUENO, queridos"— dijo la Mamá coneja una mañana—"ustedes pueden ir por los campos o por la vereda, pero no vayan a la huerta del señor McGregor: vuestro padre tuvo un accidente allí; la señora McGregor hizo un cocido con él."

"—AHORA, vayan a jugar y no hagan travesuras. Yo voy a salir."

ENTONCES la Mamá coneja tomó un cesto y su sombrilla y fue a la panadería a través del bosque. Compró una hogaza de pan negro y cinco panecillos de grosellas.

FLOPSY, Mopsy y Cola de algodón, que eran unos conejitos muy buenos, fueron por la vereda a recoger zarzamoras.

PERO Pedro, que era muy desobediente, corrió a la huerta del señor McGregor y se escurrió por debajo de la cerca.

PRIMERO comió algunas lechugas y algunas alubias francesas; después comió algunos rábanos.

Y entonces, sintiéndose en-
fermo, fue a buscar
perejil.

PERO, al doblar por el sem-
brado de los pepinos,
¿Con quién se encontró Pedro?
¡Con el señor McGregor!

EL señor McGregor estaba
de rodillas sembrando
repollos de col. Al verlo, saltó
y corrió detrás de Pedro, sacu-
diendo su rastrillo y gritando:
"¡Párese, ladrón!"

PEDRO estaba aterrorizado;
corría por toda la
huerta porque se le había
olvidado el camino de salida.

Perdió un zapato entre las
coles y el otro entre las pa-
tatas.

DESPUÉS de perder los zapatos, él corría en sus cuatro patas e iba más rápido. Yo creo que se hubiera podido escapar si, desafortunadamente, no se hubiera enredado en una red de uvas espín en la cual quedó atrapado por los grandes botones de su chaqueta. Era una chaqueta azul con botones de bronce casi nueva.

PEDRO se creyó perdido y le brotaron grandes lágrimas; pero sus sollozos fueron escuchados por algunos gorriones amigos que volaron hacia él con gran alboroto y le pidieron que se esforzara más en salir de la red.

EL señor McGregor vino con un tamiz con el cual iba a atrapar a Pedro; pero Pedro escapó a tiempo, dejando su chaqueta por detrás,

Y corrió hacia la casita de las herramientas y saltó en una regadera. Hubiera sido un buen lugar para esconderse, si no hubiera tenido tanta agua.

EL señor McGregor estaba seguro de que Pedro estaba en algún lugar en la casita de herramientas, quizás escondido debajo de una maceta. El comenzó a levantarlas con cuidado, mirando debajo de cada una.

En ese momento Pedro estornudó "¡Achuú!" El señor McGregor corrió hacia él al momento,

Y trató de atrapar a Pedro con su pie, pero Pedro saltó por la ventana, tumbando tres plantas. La ventana era muy pequeña para el señor McGregor, y éste se cansó de correr detrás de Pedro. Y regresó a su trabajo.

PEDRO se sentó a descansar; estaba sofocado y temblando de miedo, y no tenía ni la menor idea de qué camino tomar. Además, estaba muy mojado de estar sentado en la regadera.

Después de un rato comenzó a merodear—de saltico en saltico—no muy rápido, y mirando a todas partes.

ENCONTRÓ una puerta en una pared, pero estaba cerrada y no había espacio para que un conejito gordo se escurriera por debajo de ella.

Una ratoncita vieja corría por los peldaños de piedra, llevando guisantes y alubias para su familia en el bosque. Pedro le preguntó por el camino hacia la puerta de la cerca, pero ella tenía un guisante tan grande en su boca que no pudo contestarle. Solamente sacudió la cabeza. Pedro comenzó a llorar.

ENTONCES trató de encontrar de nuevo el camino de vuelta a través de la huerta, pero cada vez se confundía más. De pronto llegó a un charco donde el señor McGregor llenaba de agua sus regaderas. Una gata blanca miraba fijamente a unos pececillos de colores; estaba sentada muy, muy quieta, pero de vez en cuando la punta de la cola se movía como si estuviera viva. Pedro pensó que era mejor seguir sin hablar con ella; él había oído comentarios sobre los gatos de parte de su primo el conejito Benjamín.

PEDRO regresó hacia la casita de herramientas, pero de pronto oyó el ruido de una azada muy cerca de él— rac-rac-rac-rac. Pedro se escondió debajo de unos arbustos. De pronto, como si nada hubiera pasado, Pedro salió y se subió encima de una carretilla y se puso a mirar. Lo primero que vio fue al señor McGregor sacando cebollas con la azada. El señor McGregor trabajaba de espaldas a Pedro y detrás de él estaba la puerta de la cerca.

PEDRO se bajó de la carretilla con mucho cuidado y comenzó a correr tan rápido como pudo por un caminito detrás de los arbustos de grosellas negras.

El señor McGregor lo vio por la esquina, pero a Pedro no le importó. Se deslizó por debajo de la puerta de la cerca y por fín estuvo a salvo en el bosque, fuera de la huerta.

EL señor McGregor hizo un espantapájaros con la chaquetica y los zapatos de Pedro para ahuyentar a los pájaros negros.

PEDRO no paró de correr ni miró hacia atrás hasta que no llegó a su casa debajo del pino grande.

Estaba tan cansado que se desplomó en la suave arena del suelo de su casa y cerró los ojos. Su madre estaba ocupada cocinando; ella se preguntaba qué habría hecho Pedro con sus ropas. Era la segunda chaqueta y par de zapatos que Pedro había perdido en las últimas dos semanas.

SIENTO decirles que Pedro no se sintió muy bien esa tarde.

Su madre lo acostó e hizo té de manzanilla y le dio una dosis de té a Pedro.

"Una cucharada a la hora de dormir."

PERO Flopsy, Mopsy y Cola
de algodón cenaron
pan y leche y zarzamoras.

FIN